AF171213

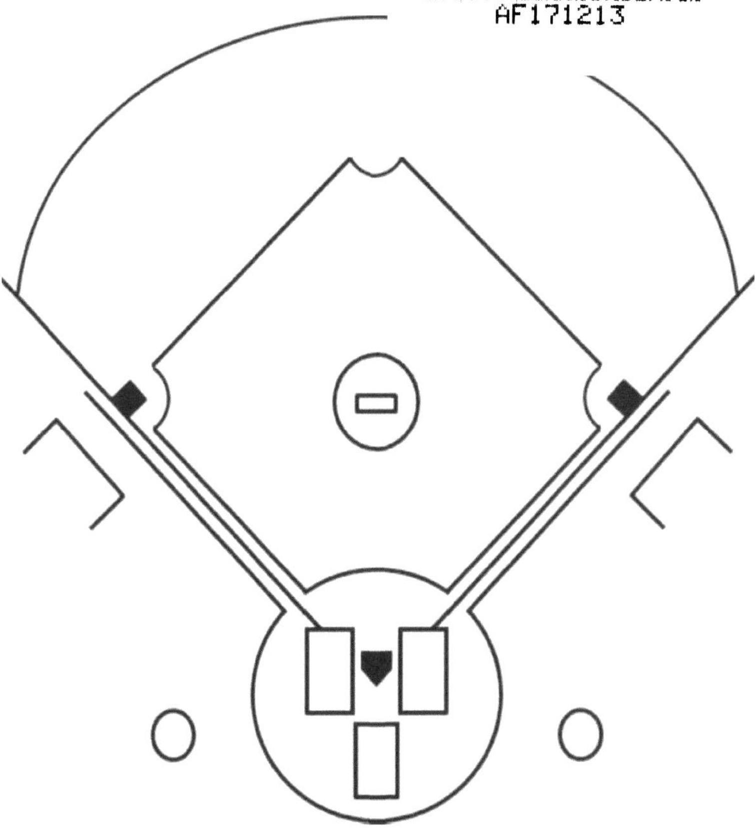

| Inning of game | Player at bat | Batting position | Player number | Batter Lineup | Field position |
|---|---|---|---|---|---|
| | | | | | |
| | | | | | |
| | | | | | |
| | | | | | |
| | | | | | |
| | | | | | |
| | | | | | |
| | | | | | |
| | | | | | |
| | | | | | |
| | | | | | |
| | | | | | |
| | | | | | |
| | | | | | |
| | | | | | |
| | | | | | |
| | | | | | |
| | | | | | |

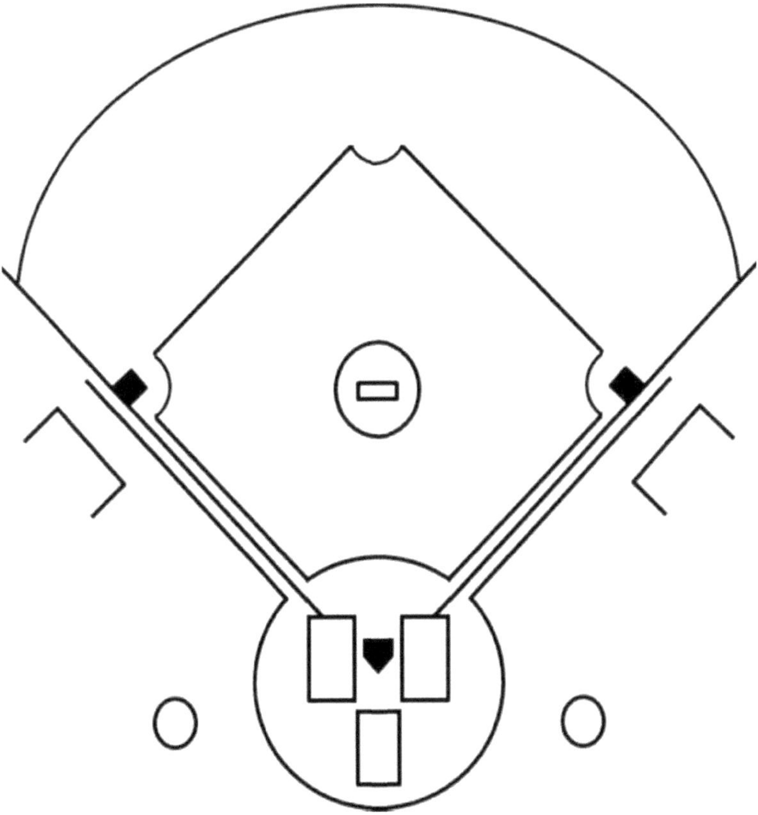

| Inning of game | Player at bat | Batting position | Player number | Batter Lineup | Field position |
|---|---|---|---|---|---|
| | | | | | |
| | | | | | |
| | | | | | |
| | | | | | |
| | | | | | |
| | | | | | |
| | | | | | |
| | | | | | |
| | | | | | |
| | | | | | |
| | | | | | |
| | | | | | |
| | | | | | |
| | | | | | |
| | | | | | |
| | | | | | |
| | | | | | |
| | | | | | |

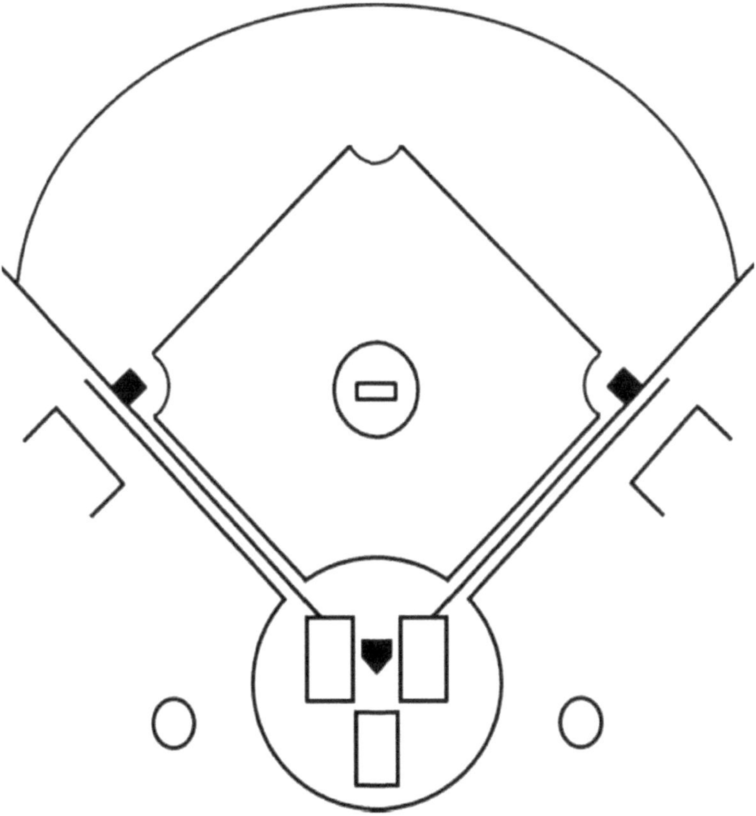

| Inning of game | Player at bat | Batting position | Player number | Batter Lineup | Field position |
|---|---|---|---|---|---|
| | | | | | |
| | | | | | |
| | | | | | |
| | | | | | |
| | | | | | |
| | | | | | |
| | | | | | |
| | | | | | |
| | | | | | |
| | | | | | |
| | | | | | |
| | | | | | |
| | | | | | |
| | | | | | |
| | | | | | |
| | | | | | |
| | | | | | |
| | | | | | |

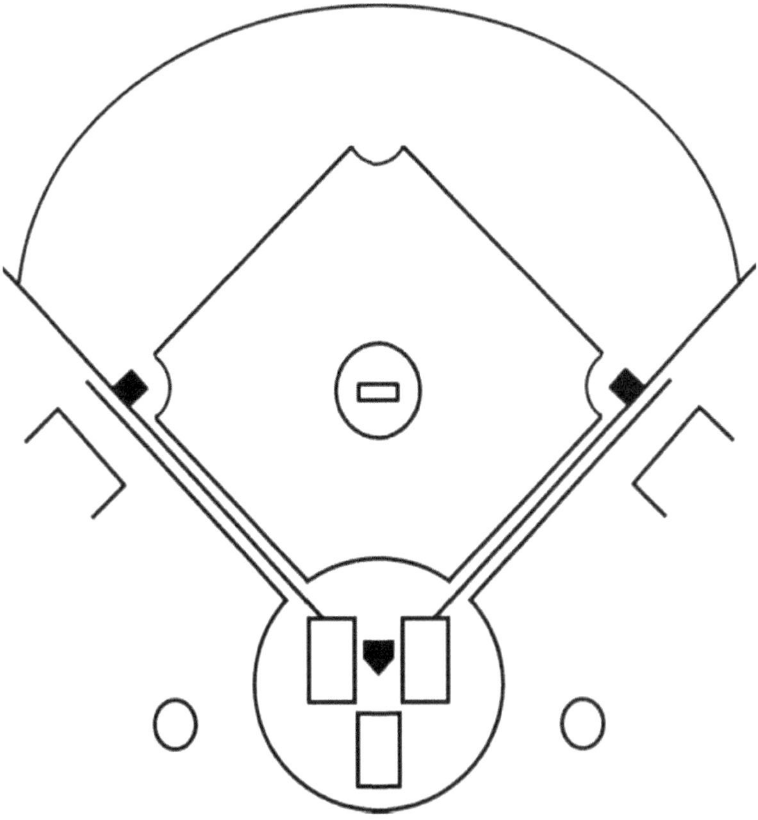

| Inning of game | Player at bat | Batting position | Player number | Batter Lineup | Field position |
|---|---|---|---|---|---|
| | | | | | |
| | | | | | |
| | | | | | |
| | | | | | |
| | | | | | |
| | | | | | |
| | | | | | |
| | | | | | |
| | | | | | |
| | | | | | |
| | | | | | |
| | | | | | |
| | | | | | |
| | | | | | |
| | | | | | |
| | | | | | |
| | | | | | |
| | | | | | |

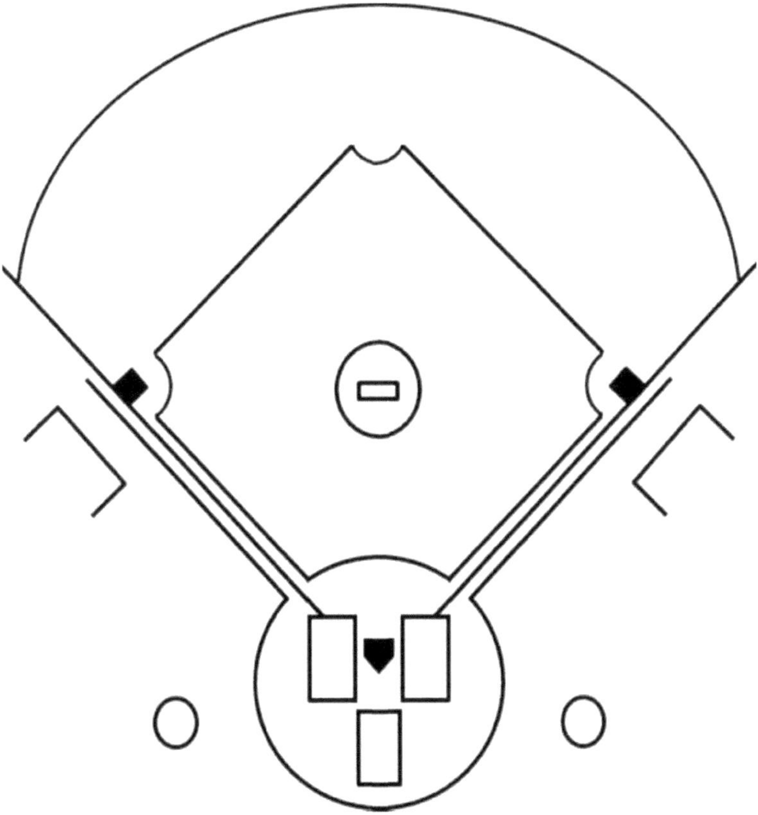

| Inning of game | Player at bat | Batting position | Player number | Batter Lineup | Field position |
|---|---|---|---|---|---|
| | | | | | |
| | | | | | |
| | | | | | |
| | | | | | |
| | | | | | |
| | | | | | |
| | | | | | |
| | | | | | |
| | | | | | |
| | | | | | |
| | | | | | |
| | | | | | |
| | | | | | |
| | | | | | |
| | | | | | |
| | | | | | |
| | | | | | |
| | | | | | |

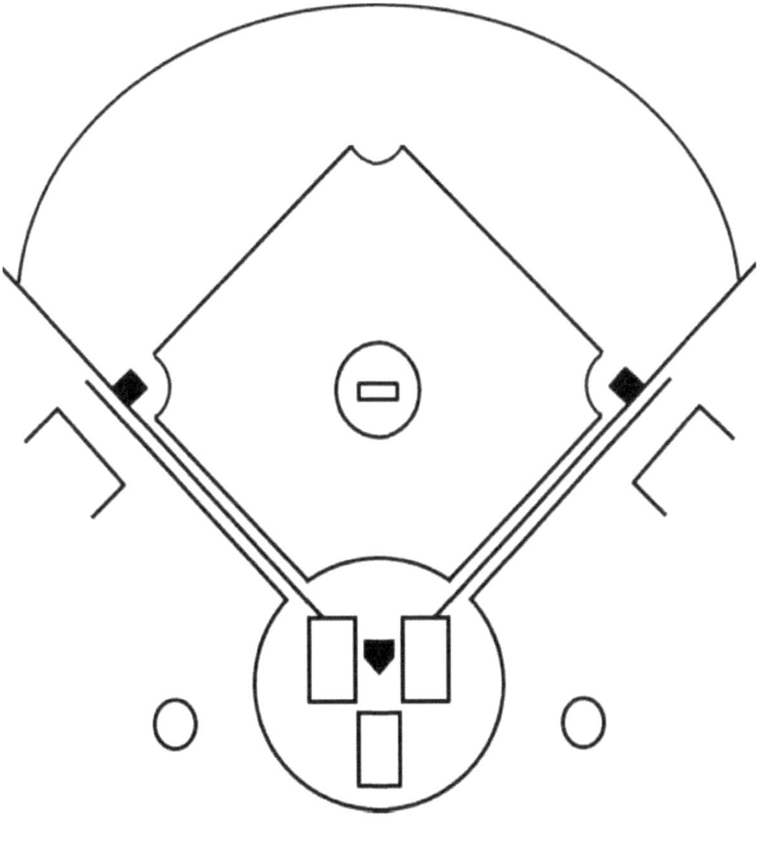

| Inning of game | Player at bat | Batting position | Player number | Batter Lineup | Field position |
|---|---|---|---|---|---|
| | | | | | |
| | | | | | |
| | | | | | |
| | | | | | |
| | | | | | |
| | | | | | |
| | | | | | |
| | | | | | |
| | | | | | |
| | | | | | |
| | | | | | |
| | | | | | |
| | | | | | |
| | | | | | |
| | | | | | |
| | | | | | |
| | | | | | |
| | | | | | |

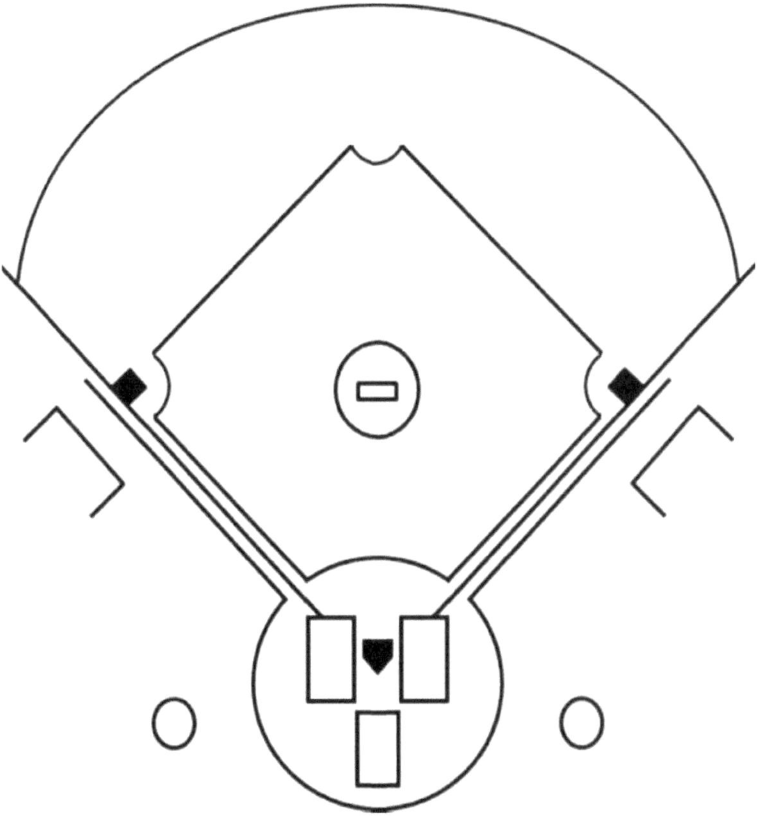

| Inning of game | Player at bat | Batting position | Player number | Batter Lineup | Field position |
|---|---|---|---|---|---|
| | | | | | |
| | | | | | |
| | | | | | |
| | | | | | |
| | | | | | |
| | | | | | |
| | | | | | |
| | | | | | |
| | | | | | |
| | | | | | |
| | | | | | |
| | | | | | |
| | | | | | |
| | | | | | |
| | | | | | |
| | | | | | |
| | | | | | |
| | | | | | |

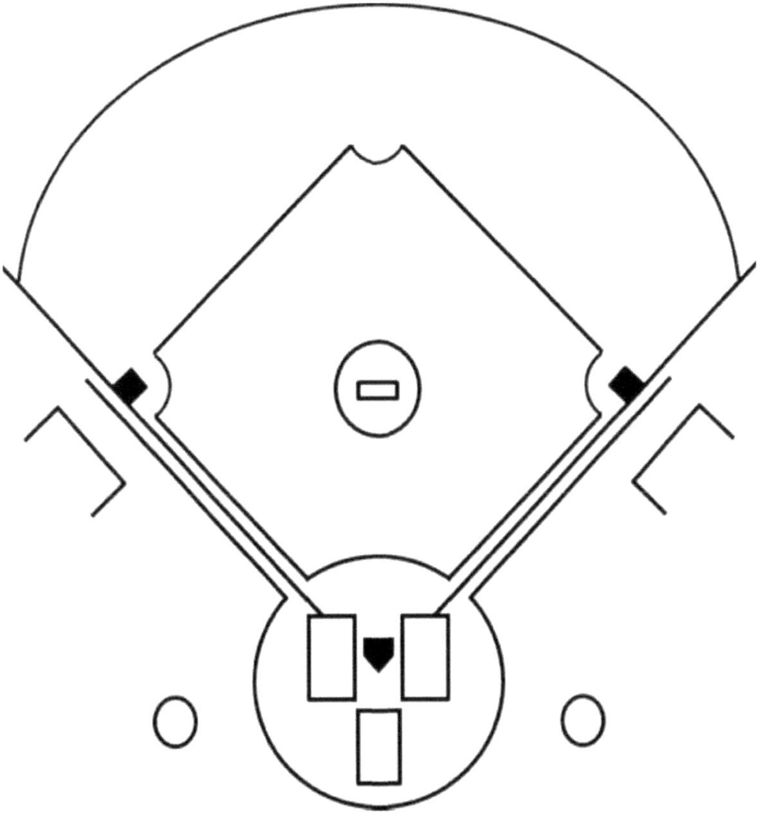

| Inning of game | Player at bat | Batting position | Player number | Batter Lineup | Field position |
|---|---|---|---|---|---|
| | | | | | |
| | | | | | |
| | | | | | |
| | | | | | |
| | | | | | |
| | | | | | |
| | | | | | |
| | | | | | |
| | | | | | |
| | | | | | |
| | | | | | |
| | | | | | |
| | | | | | |
| | | | | | |
| | | | | | |
| | | | | | |
| | | | | | |
| | | | | | |

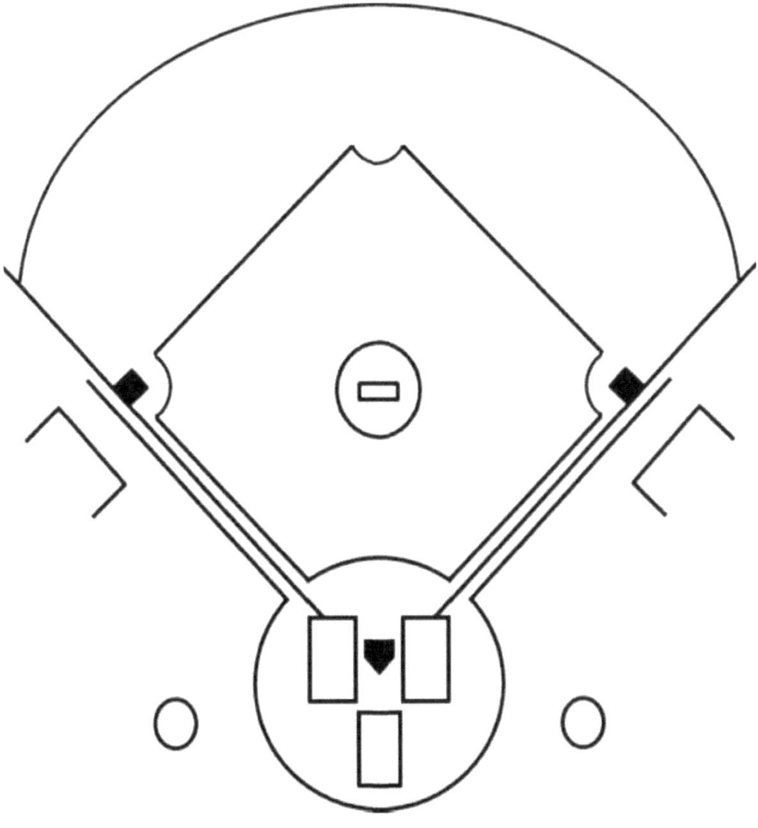

| Inning of game | Player at bat | Batting position | Player number | Batter Lineup | Field position |
| --- | --- | --- | --- | --- | --- |
| | | | | | |
| | | | | | |
| | | | | | |
| | | | | | |
| | | | | | |
| | | | | | |
| | | | | | |
| | | | | | |
| | | | | | |
| | | | | | |
| | | | | | |
| | | | | | |
| | | | | | |
| | | | | | |
| | | | | | |
| | | | | | |
| | | | | | |
| | | | | | |

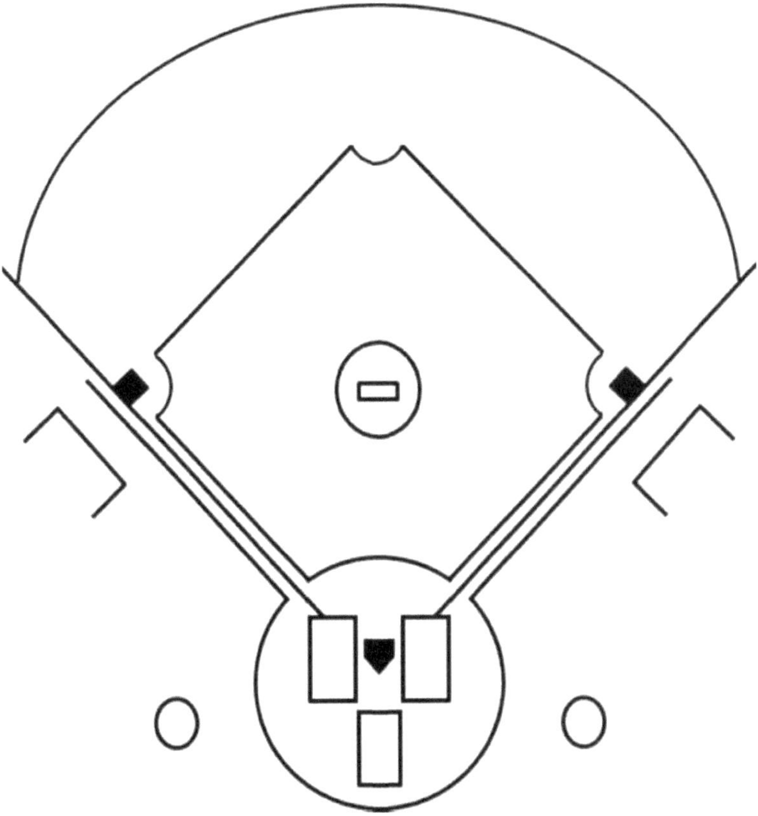

| Inning of game | Player at bat | Batting position | Player number | Batter Lineup | Field position |
|---|---|---|---|---|---|
| | | | | | |
| | | | | | |
| | | | | | |
| | | | | | |
| | | | | | |
| | | | | | |
| | | | | | |
| | | | | | |
| | | | | | |
| | | | | | |
| | | | | | |
| | | | | | |
| | | | | | |
| | | | | | |
| | | | | | |
| | | | | | |
| | | | | | |
| | | | | | |

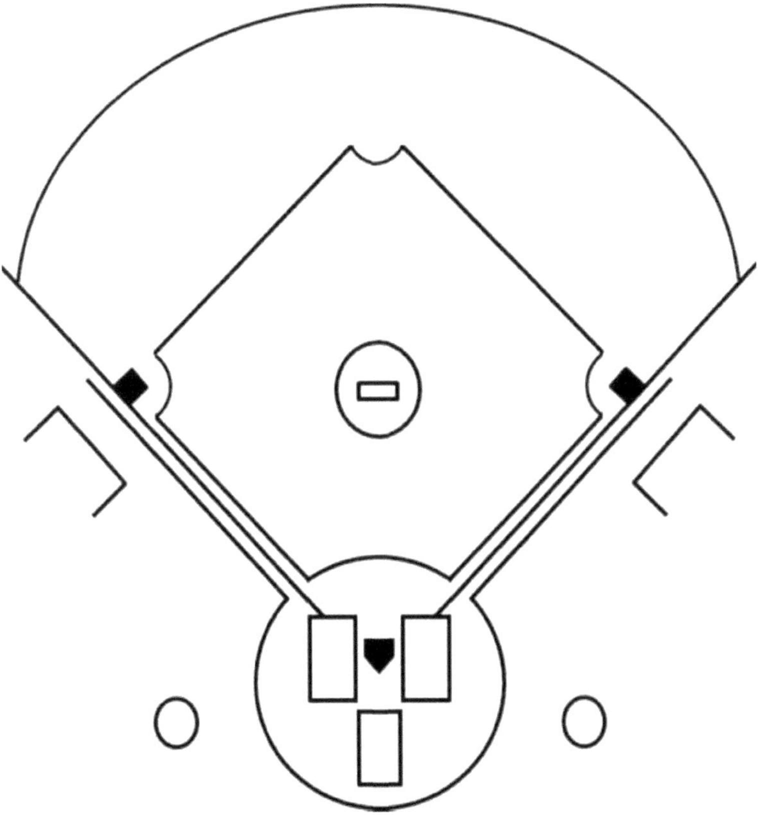

| Inning of game | Player at bat | Batting position | Player number | Batter Lineup | Field position |
|---|---|---|---|---|---|
| | | | | | |
| | | | | | |
| | | | | | |
| | | | | | |
| | | | | | |
| | | | | | |
| | | | | | |
| | | | | | |
| | | | | | |
| | | | | | |
| | | | | | |
| | | | | | |
| | | | | | |
| | | | | | |
| | | | | | |
| | | | | | |
| | | | | | |
| | | | | | |

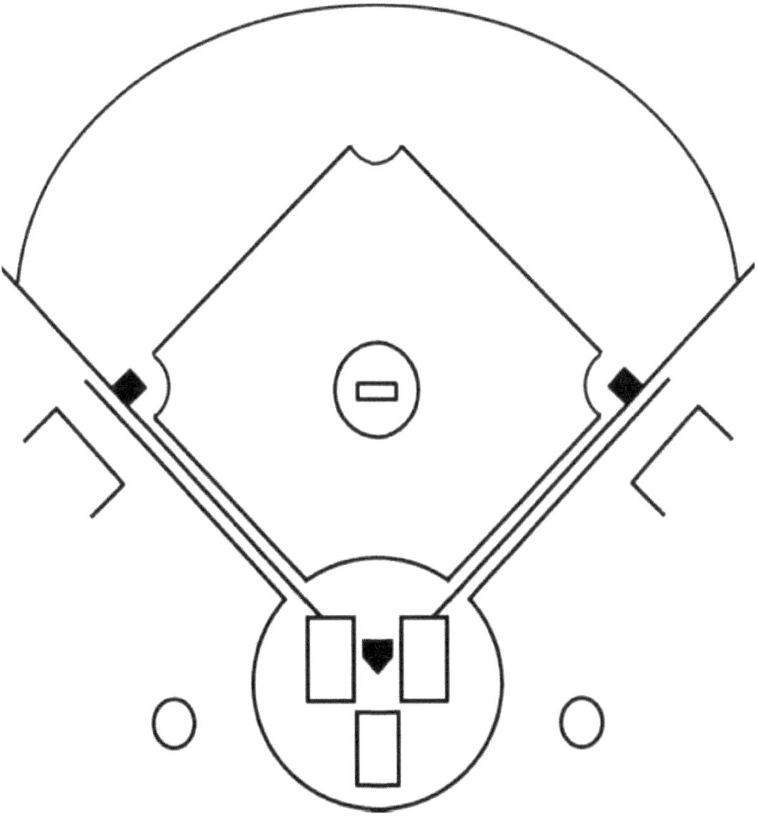

| Inning of game | Player at bat | Batting position | Player number | Batter Lineup | Field position |
| --- | --- | --- | --- | --- | --- |
| | | | | | |
| | | | | | |
| | | | | | |
| | | | | | |
| | | | | | |
| | | | | | |
| | | | | | |
| | | | | | |
| | | | | | |
| | | | | | |
| | | | | | |
| | | | | | |
| | | | | | |
| | | | | | |
| | | | | | |
| | | | | | |
| | | | | | |
| | | | | | |

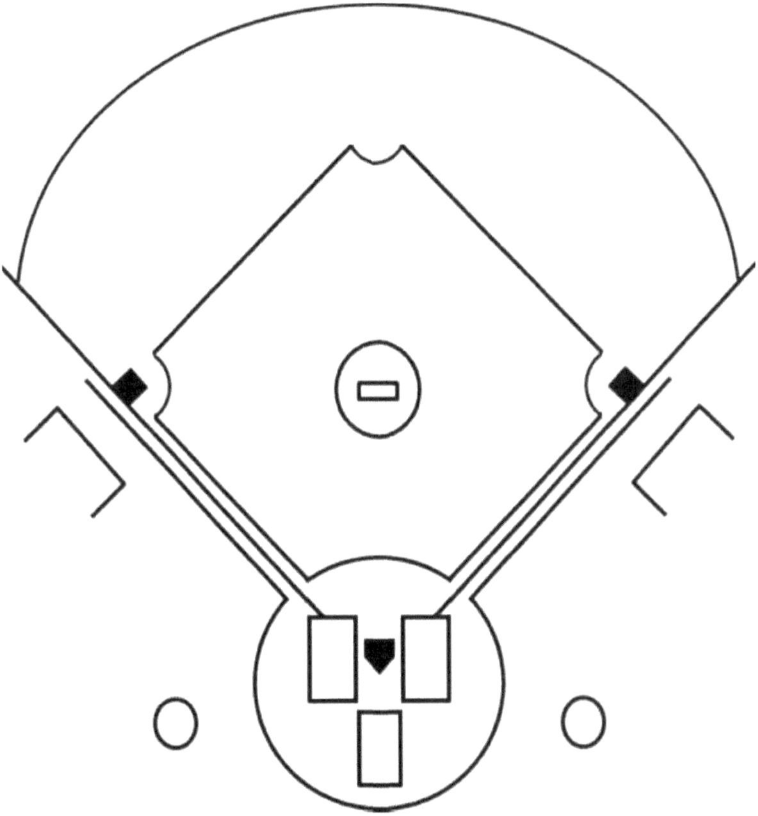

| Inning of game | Player at bat | Batting position | Player number | Batter Lineup | Field position |
|---|---|---|---|---|---|
| | | | | | |
| | | | | | |
| | | | | | |
| | | | | | |
| | | | | | |
| | | | | | |
| | | | | | |
| | | | | | |
| | | | | | |
| | | | | | |
| | | | | | |
| | | | | | |
| | | | | | |
| | | | | | |
| | | | | | |
| | | | | | |
| | | | | | |
| | | | | | |

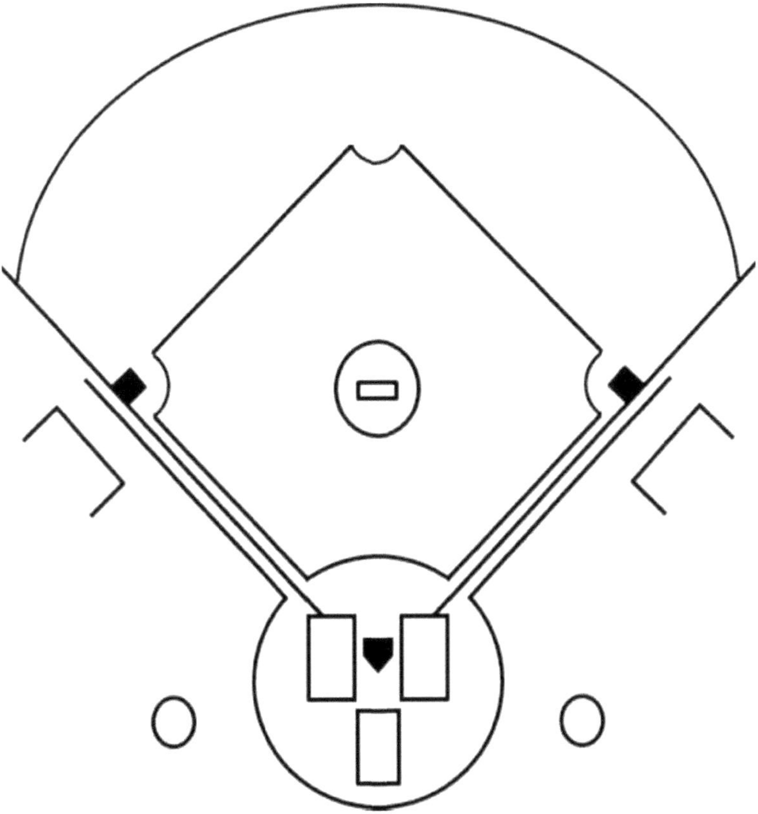

| Inning of game | Player at bat | Batting position | Player number | Batter Lineup | Field position |
|---|---|---|---|---|---|
| | | | | | |
| | | | | | |
| | | | | | |
| | | | | | |
| | | | | | |
| | | | | | |
| | | | | | |
| | | | | | |
| | | | | | |
| | | | | | |
| | | | | | |
| | | | | | |
| | | | | | |
| | | | | | |
| | | | | | |
| | | | | | |
| | | | | | |
| | | | | | |

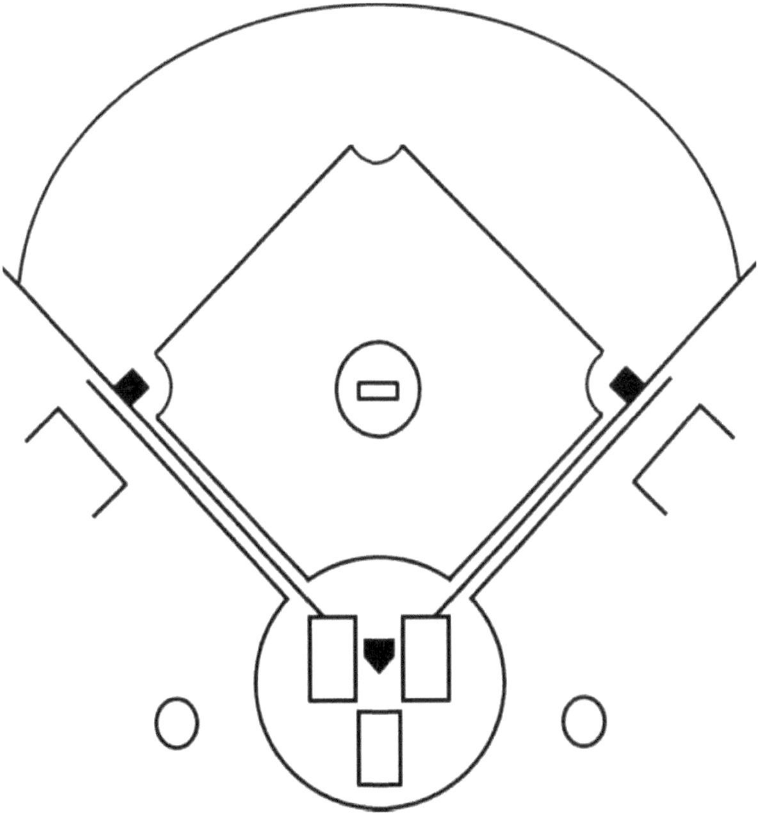

| Inning of game | Player at bat | Batting position | Player number | Batter Lineup | Field position |
|---|---|---|---|---|---|
| | | | | | |
| | | | | | |
| | | | | | |
| | | | | | |
| | | | | | |
| | | | | | |
| | | | | | |
| | | | | | |
| | | | | | |
| | | | | | |
| | | | | | |
| | | | | | |
| | | | | | |
| | | | | | |
| | | | | | |
| | | | | | |
| | | | | | |
| | | | | | |

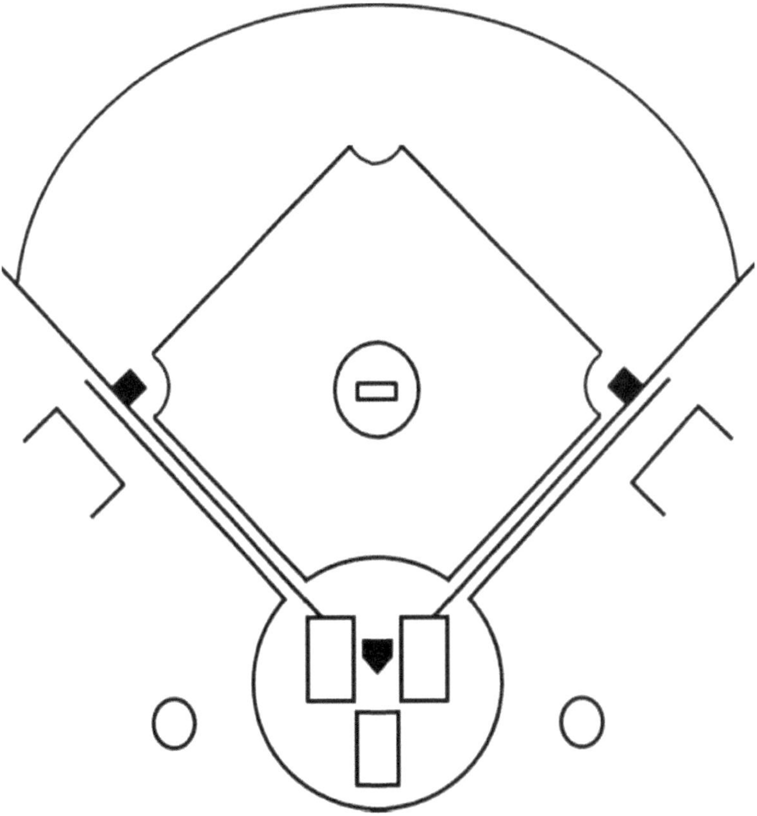

| Inning of game | Player at bat | Batting position | Player number | Batter Lineup | Field position |
|---|---|---|---|---|---|
| | | | | | |
| | | | | | |
| | | | | | |
| | | | | | |
| | | | | | |
| | | | | | |
| | | | | | |
| | | | | | |
| | | | | | |
| | | | | | |
| | | | | | |
| | | | | | |
| | | | | | |
| | | | | | |
| | | | | | |
| | | | | | |
| | | | | | |
| | | | | | |

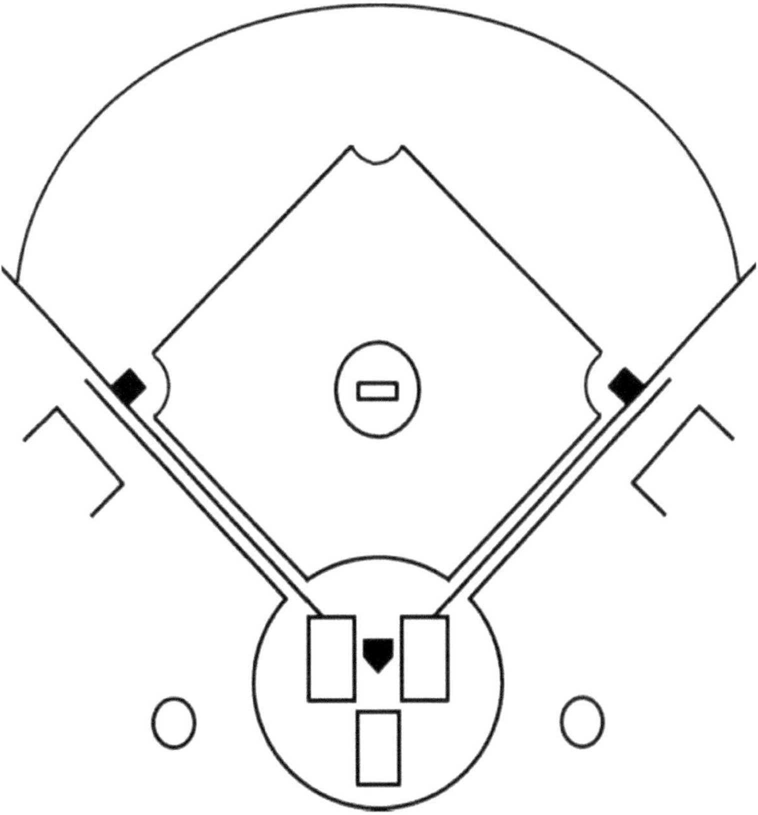

| Inning of game | Player at bat | Batting position | Player number | Batter Lineup | Field position |
|---|---|---|---|---|---|
| | | | | | |
| | | | | | |
| | | | | | |
| | | | | | |
| | | | | | |
| | | | | | |
| | | | | | |
| | | | | | |
| | | | | | |
| | | | | | |
| | | | | | |
| | | | | | |
| | | | | | |
| | | | | | |
| | | | | | |
| | | | | | |
| | | | | | |
| | | | | | |

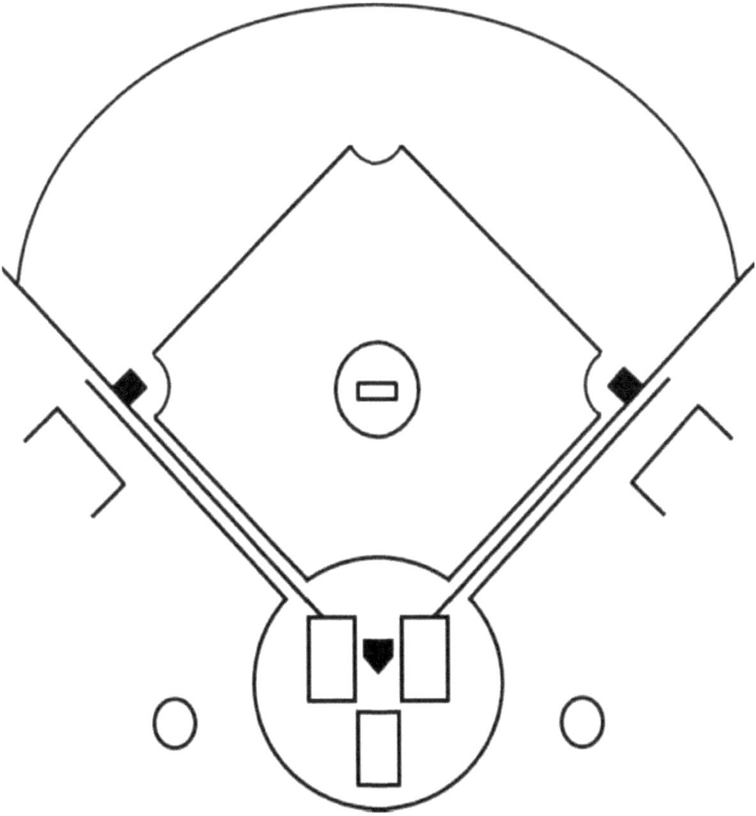

| Inning of game | Player at bat | Batting position | Player number | Batter Lineup | Field position |
|---|---|---|---|---|---|
| | | | | | |
| | | | | | |
| | | | | | |
| | | | | | |
| | | | | | |
| | | | | | |
| | | | | | |
| | | | | | |
| | | | | | |
| | | | | | |
| | | | | | |
| | | | | | |
| | | | | | |
| | | | | | |
| | | | | | |
| | | | | | |
| | | | | | |
| | | | | | |

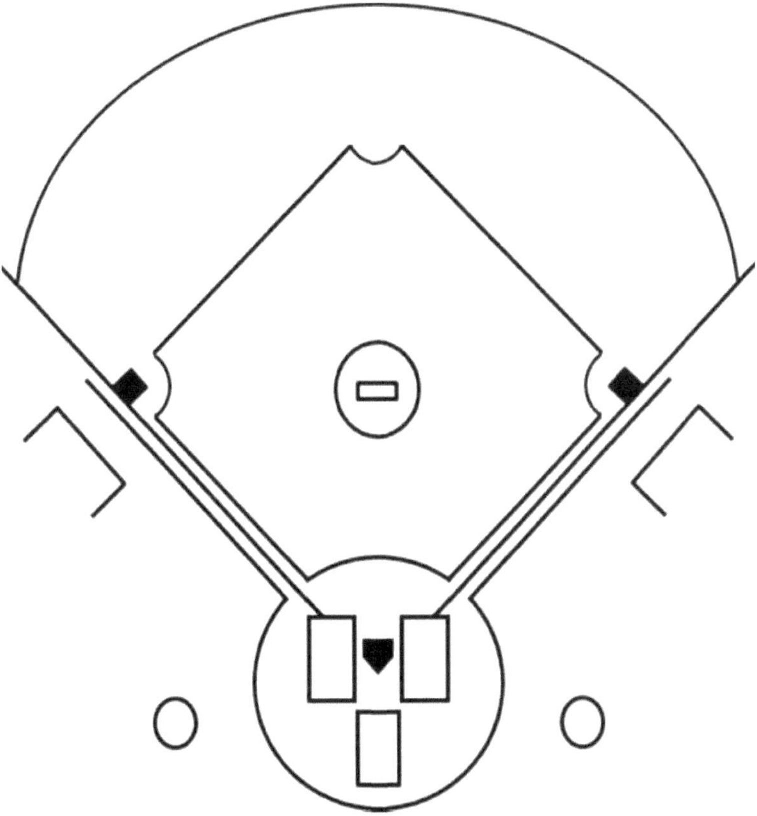

| Inning of game | Player at bat | Batting position | Player number | Batter Lineup | Field position |
| --- | --- | --- | --- | --- | --- |
| | | | | | |
| | | | | | |
| | | | | | |
| | | | | | |
| | | | | | |
| | | | | | |
| | | | | | |
| | | | | | |
| | | | | | |
| | | | | | |
| | | | | | |
| | | | | | |
| | | | | | |
| | | | | | |
| | | | | | |
| | | | | | |
| | | | | | |
| | | | | | |

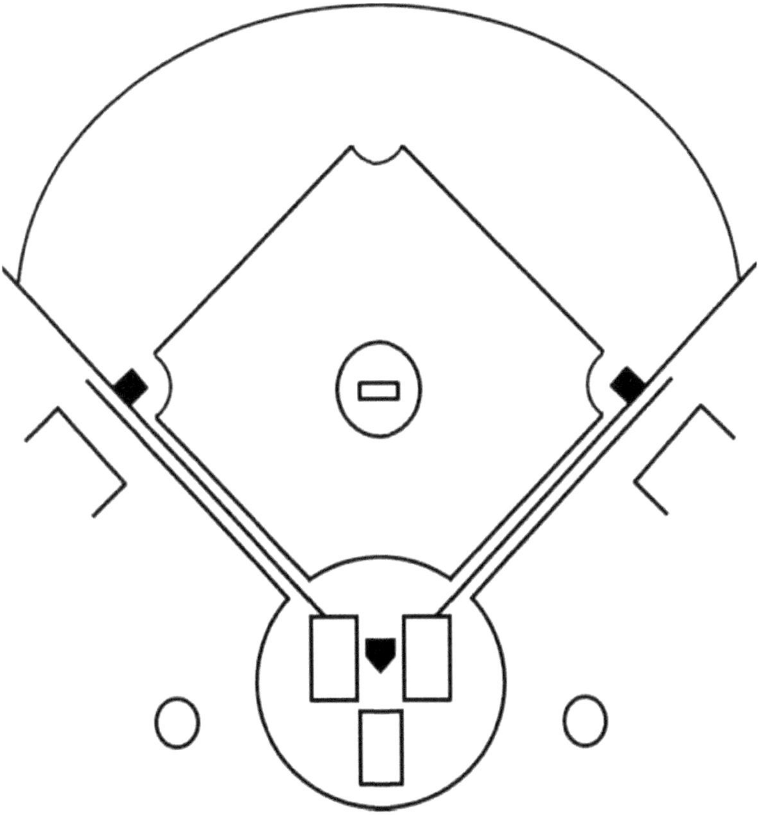

| Inning of game | Player at bat | Batting position | Player number | Batter Lineup | Field position |
|---|---|---|---|---|---|
| | | | | | |
| | | | | | |
| | | | | | |
| | | | | | |
| | | | | | |
| | | | | | |
| | | | | | |
| | | | | | |
| | | | | | |
| | | | | | |
| | | | | | |
| | | | | | |
| | | | | | |
| | | | | | |
| | | | | | |
| | | | | | |
| | | | | | |
| | | | | | |

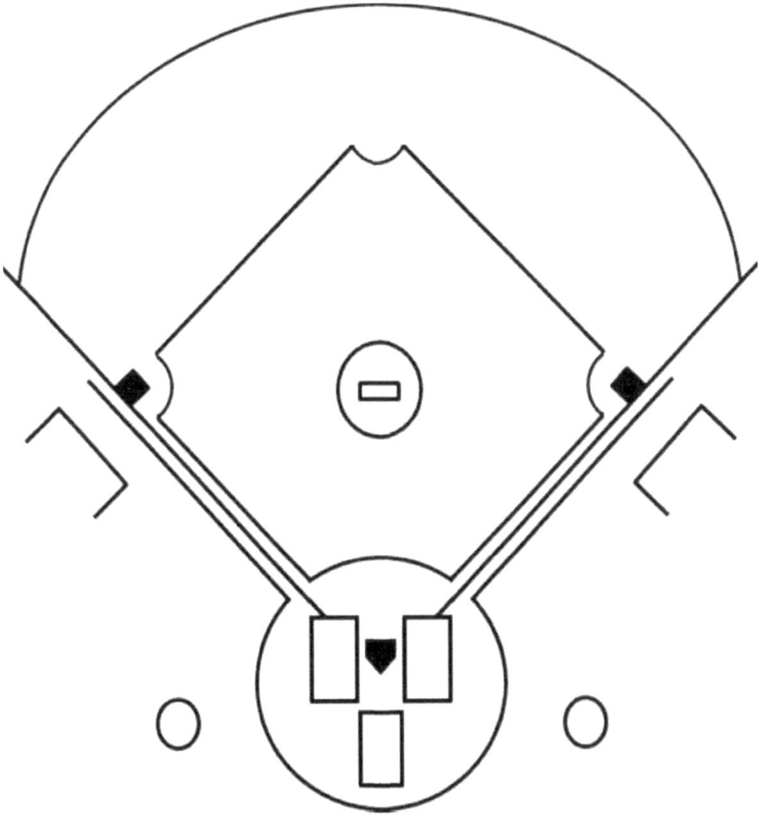

| Inning of game | Player at bat | Batting position | Player number | Batter Lineup | Field position |
|---|---|---|---|---|---|
| | | | | | |
| | | | | | |
| | | | | | |
| | | | | | |
| | | | | | |
| | | | | | |
| | | | | | |
| | | | | | |
| | | | | | |
| | | | | | |
| | | | | | |
| | | | | | |
| | | | | | |
| | | | | | |
| | | | | | |
| | | | | | |
| | | | | | |
| | | | | | |

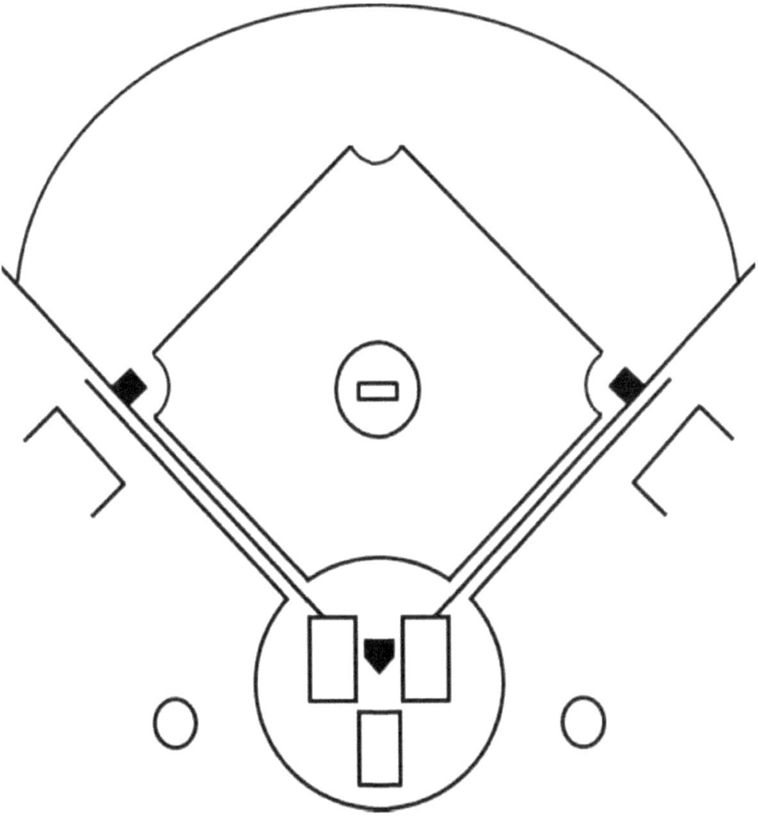

| Inning of game | Player at bat | Batting position | Player number | Batter Lineup | Field position |
|---|---|---|---|---|---|
| | | | | | |
| | | | | | |
| | | | | | |
| | | | | | |
| | | | | | |
| | | | | | |
| | | | | | |
| | | | | | |
| | | | | | |
| | | | | | |
| | | | | | |
| | | | | | |
| | | | | | |
| | | | | | |
| | | | | | |
| | | | | | |
| | | | | | |
| | | | | | |

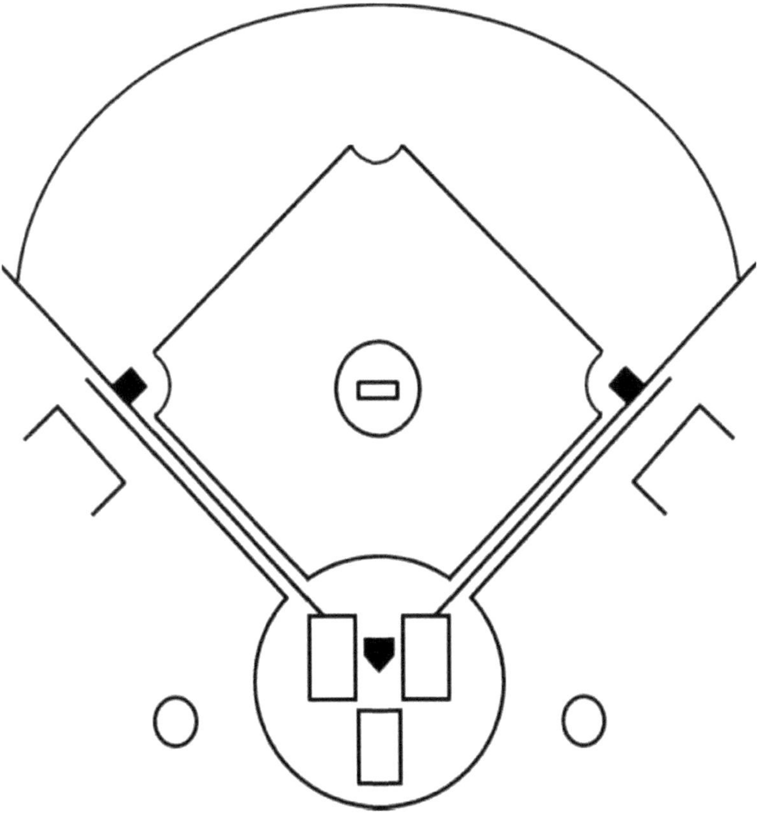

| Inning of game | Player at bat | Batting position | Player number | Batter Lineup | Field position |
|---|---|---|---|---|---|
| | | | | | |
| | | | | | |
| | | | | | |
| | | | | | |
| | | | | | |
| | | | | | |
| | | | | | |
| | | | | | |
| | | | | | |
| | | | | | |
| | | | | | |
| | | | | | |
| | | | | | |
| | | | | | |
| | | | | | |
| | | | | | |
| | | | | | |
| | | | | | |

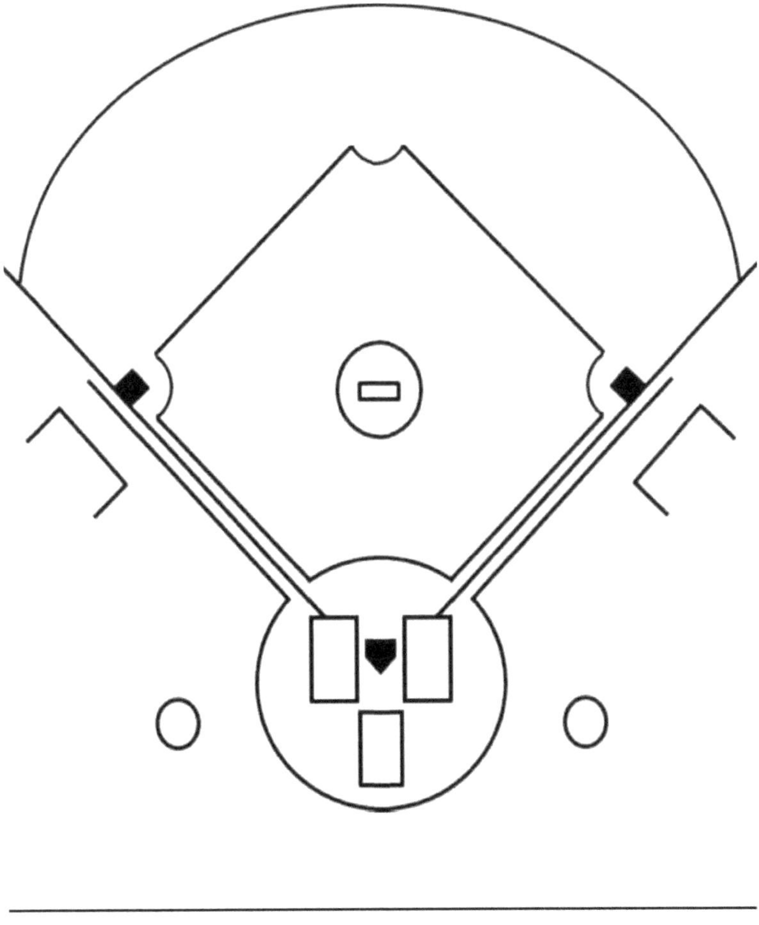

| Inning of game | Player at bat | Batting position | Player number | Batter Lineup | Field position |
|---|---|---|---|---|---|
| | | | | | |
| | | | | | |
| | | | | | |
| | | | | | |
| | | | | | |
| | | | | | |
| | | | | | |
| | | | | | |
| | | | | | |
| | | | | | |
| | | | | | |
| | | | | | |
| | | | | | |
| | | | | | |
| | | | | | |
| | | | | | |
| | | | | | |
| | | | | | |

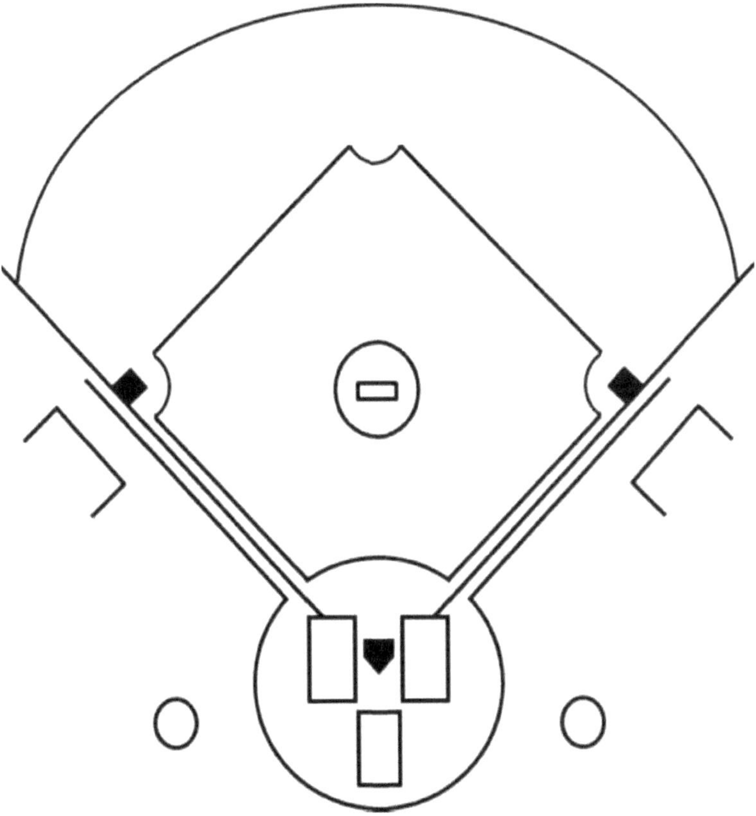

| Inning of game | Player at bat | Batting position | Player number | Batter Lineup | Field position |
|---|---|---|---|---|---|
| | | | | | |
| | | | | | |
| | | | | | |
| | | | | | |
| | | | | | |
| | | | | | |
| | | | | | |
| | | | | | |
| | | | | | |
| | | | | | |
| | | | | | |
| | | | | | |
| | | | | | |
| | | | | | |
| | | | | | |
| | | | | | |
| | | | | | |
| | | | | | |

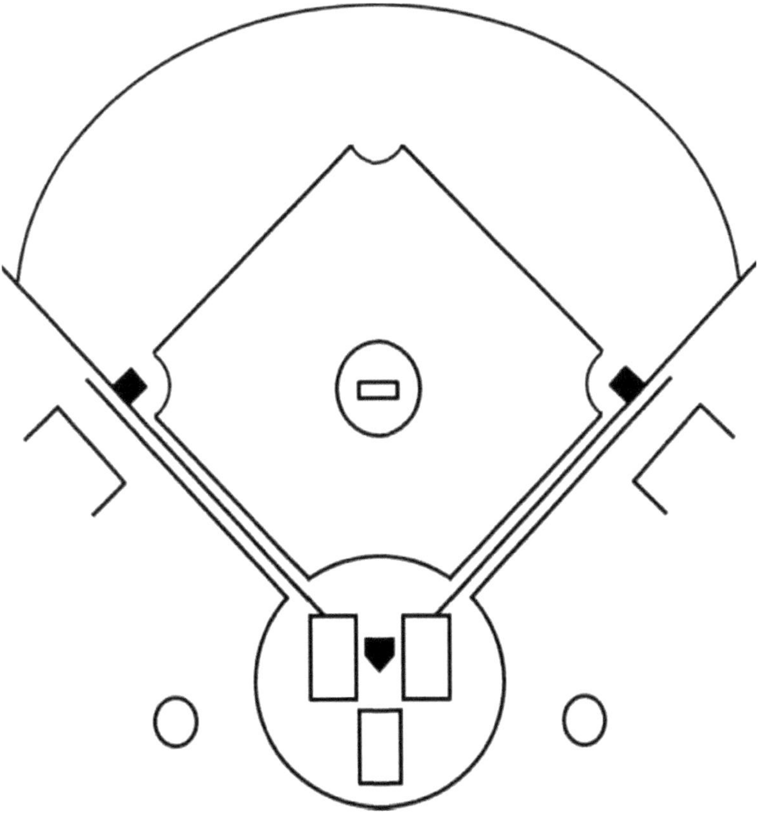

| Inning of game | Player at bat | Batting position | Player number | Batter Lineup | Field position |
|---|---|---|---|---|---|
| | | | | | |
| | | | | | |
| | | | | | |
| | | | | | |
| | | | | | |
| | | | | | |
| | | | | | |
| | | | | | |
| | | | | | |
| | | | | | |
| | | | | | |
| | | | | | |
| | | | | | |
| | | | | | |
| | | | | | |
| | | | | | |
| | | | | | |
| | | | | | |

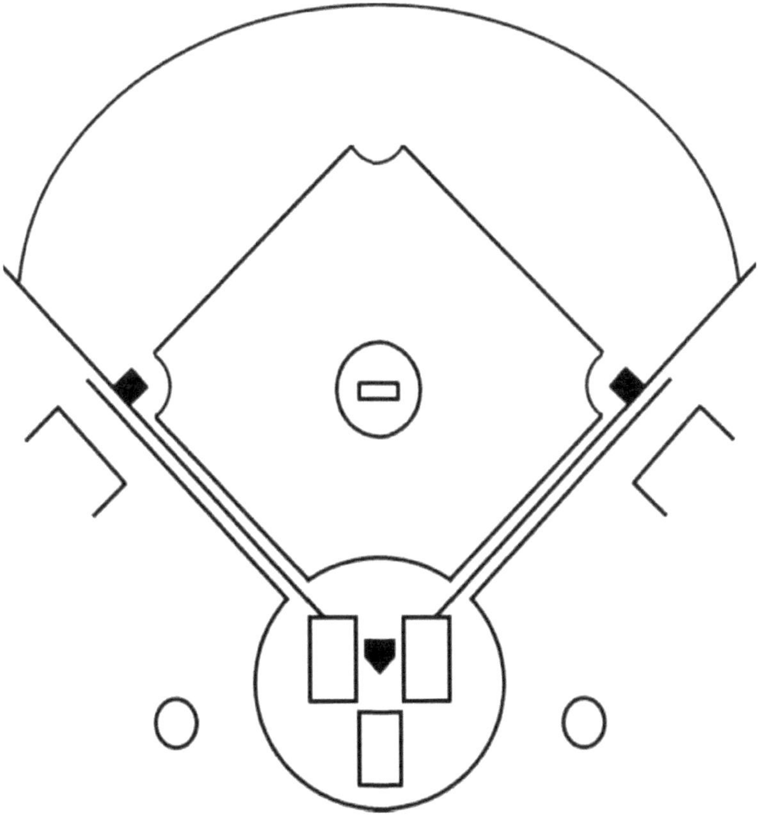

| Inning of game | Player at bat | Batting position | Player number | Batter Lineup | Field position |
|---|---|---|---|---|---|
| | | | | | |
| | | | | | |
| | | | | | |
| | | | | | |
| | | | | | |
| | | | | | |
| | | | | | |
| | | | | | |
| | | | | | |
| | | | | | |
| | | | | | |
| | | | | | |
| | | | | | |
| | | | | | |
| | | | | | |
| | | | | | |
| | | | | | |
| | | | | | |

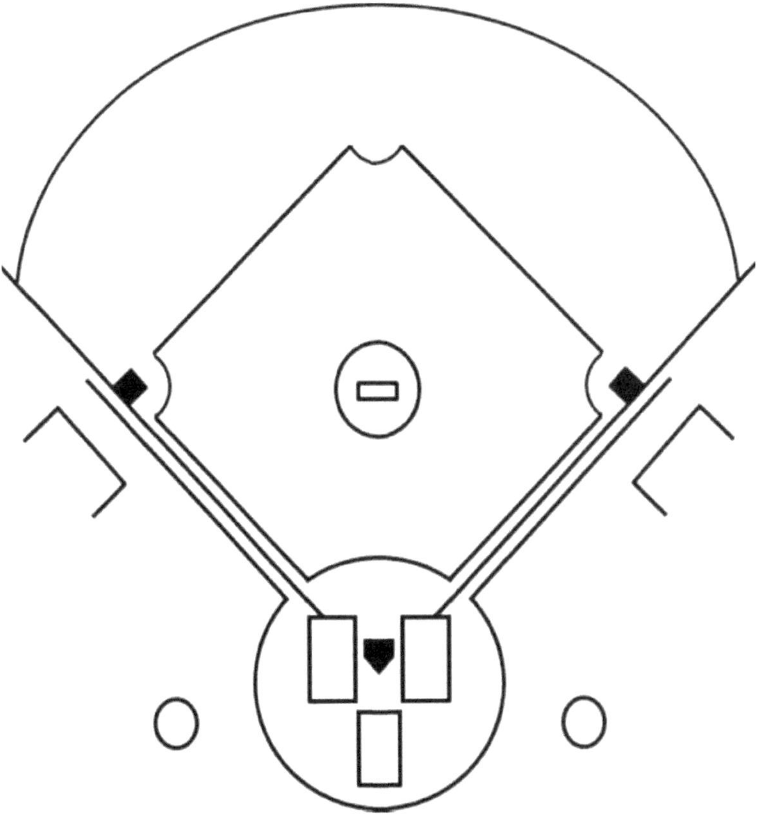

| Inning of game | Player at bat | Batting position | Player number | Batter Lineup | Field position |
|---|---|---|---|---|---|
| | | | | | |
| | | | | | |
| | | | | | |
| | | | | | |
| | | | | | |
| | | | | | |
| | | | | | |
| | | | | | |
| | | | | | |
| | | | | | |
| | | | | | |
| | | | | | |
| | | | | | |
| | | | | | |
| | | | | | |
| | | | | | |
| | | | | | |
| | | | | | |

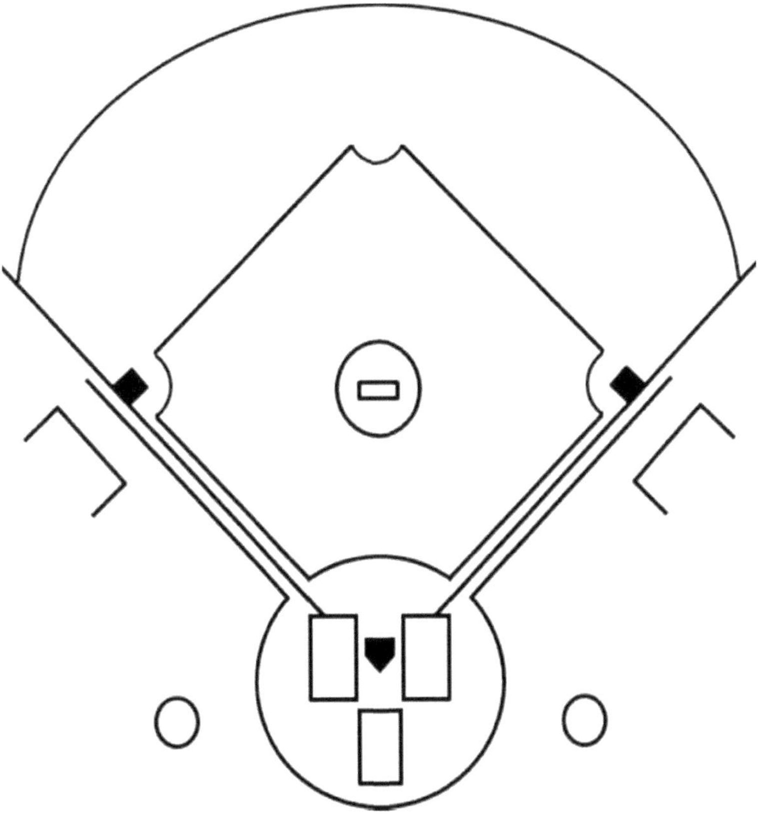

# Books of Theo von Taane

| book | ISBN / order nr. |
|---|---|
| Football Tacticboard & Training Workbook | 9783734749605 |
| Badminton Tacticboard & Training Workbook | 9783734749643 |
| Baseball Tacticboard & Training Workbook | 9783734749650 |
| Basketball Tacticboard & Training Workbook | 9783734749681 |
| Bowling Tacticboard & Training Workbook | 9783734749698 |
| Cricket Tacticboard & Training Workbook | 9783734749711 |
| Ice Hockey Tacticboard & Training Workbook | 9783734749728 |
| Fencing Tacticboard & Training Workbook | 9783734749735 |
| Field Hockey Tacticboard & Training Workbook | 9783734749810 |
| Football (Soccer) Tacticboard & Training Workbook | 9783734749827 |
| Futsal Tacticboard & Training Workbook | 9783734749834 |
| Handball Tacticboard & Training Workbook | 9783734749841 |
| Lacrosse Women Tacticboard & Training Workbook | 9783734749858 |
| Lacrosse Men Tacticboard & Training Workbook | 9783734749865 |
| Netball Tacticboard & Training Workbook | 9783734749872 |
| Rugby Tacticboard & Training Workbook | 9783734749889 |
| Chess Tacticboard & Training Workbook | 9783734749896 |
| Squash Tacticboard & Training Workbook | 9783734749902 |
| Tennis Tacticboard & Training Workbook | 9783734749919 |
| Table Tennis Tacticboard & Training Workbook | 9783734749926 |
| Volleyball Tacticboard & Training Workbook | 9783734749933 |
| Water Polo Tacticboard & Training Workbook | 9783734749940 |

**Majestic Flowers and Butterflies**
- Adult Coloring Book - ISBN: 9783739227085

This coloring book for adults contains 36 beautiful patterns of various flowers. Experience hours full of stress relief, mindful calm, creative expression and fun.
Use crayons, felt-tip pens and colored pencils to give the patterns a personal touch.
Millions of people worldwide have rediscovered the simple relaxation and joy of coloring!
Join this community and find yourself enchanted by the magical passion of inspiring coloring.

Weitere Motiv Notizbücher von Theo von Taane

| Titel | ISBN |
| --- | --- |
| Weltbeste Tennisspielerin | 9783738610055 |
| Weltbester Angler | 9783738610062 |
| Weltbester Bauarbeiter | 9783738610079 |
| Weltbester Eishockeyspieler | 9783738610086 |
| Weltbester Gärtner | 9783738610093 |
| Weltbester Golfer | 9783738610109 |
| Weltbester Jäger | 9783738610116 |
| Weltbester Judokämpfer | 9783738610123 |
| Weltbester Karatekämpfer | 9783738610130 |
| Weltbester Kraftsportler | 9783738610147 |
| Weltbester Läufer | 9783738610154 |
| Weltbester Radfahrer | 9783738610161 |
| Weltbester Inline Skater | 9783738610178 |
| Weltbester Skifahrer | 9783738610185 |
| Weltbester Snowboarder | 9783738610192 |
| Weltbester Sportler | 9783738610208 |
| Weltbester Surfer | 9783738610215 |
| Weltbester Taucher | 9783738610222 |
| Weltbester Tennisspieler | 9783738610239 |
| Weltbester Volleyballer | 9783738610246 |
| Weltbester Wassersportler | 9783738610253 |

...weitere Titel verfügbar und aktuell in Vorbereitung

Von Theo von Taane gibt es auch viele Witzebücher, Spiele, Kalender etc.
Einfach mal im Store nach ‚von Taane' suchen.

Viel Spaß!

1

1

1

1

1

Theo von Taane

Notizbuch

# Weltbester Papa!



Von:

Für:

---

*Bibliografische Information der Deutschen Nationalbibliothek:*
*Die Deutsche Nationalbibliothek verzeichnet diese Publikation in der Deutschen Nationalbibliografie; detaillierte bibliografische Daten sind im Internet über http://dnb.dnb.de abrufbar.*



*Herstellung und Verlag: BoD – Books on Demand, Norderstedt*

*ISBN:* 9783738628524